AF465588

Unité et indivisibilité.... du crime et de la misère.

LE MIROIR DU PASSÉ

POUR SAUVE-GARDE DE L'AVENIR;

OU

Tableau parlant du gouvernement *tygro-cratique* de 93, sous le règne de *Cacus* - Marat et de *Polyphème*-Robespierre, — pendant lequel *les chevaliers du niveau* ont pensé niveler la nation toute entière, en l'assassinant à la fois *par la gorge et par le ventre*, avec tout le patriotisme et toute la popularité possibles.

Estampe *tygri-fuge* ou jacobini-fuge représentant l'affiliation, la réception et l'emploi de la mort au club des assassins, des voleurs et des affameurs organisés — la manière dont *cette grande dame du niveau* a été créée *boulangère* de la République, et chargée de faire venir les farines à la halle; en conséquence, de mettre le souverain à la portion congrue d'un quarteron de pain noir, pour dernier produit net de la *hauteur*, de *l'énergie* et *du pas*.

Dédié aux Assemblées primaires et électorales.

Par un ami du sens et un ennemi du sang.

La Constitution et la paix.... la Constitution et la paix!

Pour sauver les citoyens des jacobins, et ces *ci-devant hommes* d'eux-mêmes.

A ANTI-TYGRO-POLIS,

(CAPITALE DES MODÉRÉS.)

L'An 7 *de la Régénération qui tue la génération.*

COUP-D'ŒIL PRÉLIMINAIRE.

. . . . Non bene ripæ
Creditur, ipse aries etiam nunc vellera siccat.
(VIRG.)

Berger imprudent, garde-toi de laisser approcher ton troupeau de ce rivage dangereux. — Vois le bélier qui *sèche encore sa toison.*

Virgile a voulu dire par-là, qu'une nation qui avoit été sur le point d'être égorgée toute entière par les jacobins, et qui, pareille au bélier précipité dans le fleuve pour s'être imprudemment approché d'un bord trop rapide, est encore occupée à sécher sa toison au soleil, à reprendre sa vie et ses forces, doit fortement se garder des jacobins dans les assemblées primaires et electorales et s'éloigner du bord rapide de la *sans-culotterie*, si elle ne veut être une seconde fois, et sans retour précipitée dans l'abyme affreux dont elle n'est sortie que par miracle.

UN phénomène horrible, un long prodige de barbarie jusqu'à nous inoui dans l'histoire des monstres à forme humaine, vient d'étonner, de révolter la terre, et de déshonorer, de diffamer la nature.

C'est le règne de Robespierre, le gouvernement *tygro-cratique* de 93, qu'on peut appeller l'*Encyclopédie des forfaits et des désastres.* — L'histoire n'a point de crayons, la poésie n'a point de pinceaux pour rendre ce triple miracle d'immoralité, d'ignominie et d'infortune; soit que l'on considère la nature ou la durée d'un gouvernement, qu'on peut si bien appeller le gouvernement d'Atropos ou de la mort, et qui laisse loin derrière lui le règne de Néron et des triumvirs, on pourroit dire que c'est ce que l'œil n'avoit jamais vu, l'oreille jamais entendu, et ce que l'esprit de l'homme ne comprendra jamais, sur-tout quant à certains détails de cette horrible *tygro-cratie*, comme entr'autres l'ineffable et incommensurable atrocité de ce que les antropophages appelloient les *mariages républicains*, l'impitoyable submersion des adolescens et des adolescentes attachés dos à dos. A quelque siècle de ténèbres, à quelque horde de Getes et de Sarmates qu'appartînt un si exécrable et si déshonorant prodige, il y auroit encore de quoi jetter l'homme civilisé, l'homme pensant et sentant, dans la plus morne et la plus immobile stupeur. Mais que doit-ce donc être quand on se représente le peuple, le siècle, le tems et la circonstance au sein desquels il est né, lui et tant d'autres qui en approchent plus ou moins? Comment peindre et de tels excès et de tels contrastes? l'éloquence elle-même resteroit muette ou se trouveroit balbutiante en voulant les exprimer. Les hommes n'ont point créé, ni sans doute ne créeront jamais de langue capable d'atteindre à cette expression. Il faut se contenter de les réciter, de les rappeller, ou enfin même de les peindre comme on peut, ces derniers termes de la scélératesse et de l'insensibilité humaines. Car enfin nous n'avons plus rien à ménager, il n'est plus de pudeur ni de discrétion après un tel éclat, et la nature des tems ainsi que des choses est telle, que bien loin qu'il puisse y avoir quelque loi de décence ou quelque utilité politique qui recommande ou prescrive le silence et l'oubli, ou même le ménagement des peintures; au contraire, tout ordonne d'exhumer le cadavre du gouvernement de 93, puisqu'enfin on s'efforce tant de le ressusciter : oui, après l'éclat des tentatives dernières cumulées sur les précédentes, tout ordonne de le faire parler aux yeux, d'exposer à la vue effrayée le corps affreux de Cacus et de Polyphême, étouffés dans leur caverne : de la fixer sur les traits hideux et la force gigantesque de ces monstres dévorans : d'étaler autour d'eux les témoins de leur antropophagie insatiable, les squelettes de nos proches, de nos amis, ces ossemens entassés dans les sombres anfractuosités de leur repaire sanglant : oui, les temps présens ordonnent aux survivans d'étaler ces peintures, quand il ne leur reste plus qu'à se servir de l'horreur contre l'horreur, à faire venir le passé au secours de l'avenir, et à écraser ainsi, de quelque manière, le scorpion sur la plaie : lorsqu'après tout il ne s'agit et ne se peut agir de fureur ni de vengeance, mais uniquement de préservation et de réparation au sein d'une constitution tutélaire et conciliatrice, qui pourvoit aux intérêts et à la sûreté des amis et des ennemis.

Quel gouvernement, grands dieux ! que celui de 93, et comment les démons qu'on nous peint en établiroient-ils un plus affreux, si l'imagination pouvoit aller jusqu'à les supposer tenant les rênes d'un gouvernement ! Quel miracle que dans une si longue durée d'une telle *tygrerie*, d'une telle ivresse de spoliation et de carnage, la nation entière n'ait pas été ensevelie dans un abyme commun, où les victimes en se débattant et saisissant leurs sacrificateurs, pouvoient les entraîner avec elles ! Mais encore quelque tems, un an, peut-être quelques mois seulement de cette sacrilège ivresse de rapine et de sang, et sans réaction, sans résistance, sans débats, continuant son trépas moutonnier, une nation si fameuse étoit effacée du globe. Ses débris mutilés, ses restes informes n'auroient offert que quelques peuplades errantes de sauvages armés les uns contre les autres, et passant les restes de la plus misérable vie dans la terreur et les combats. Tous les fléaux, toutes les convulsions de la nature, même les déplorables désastres de la Calabre et de Messine; les maisons écroulées, les montagnes en débris, les fleuves détournés ou comblés, et les terres arrachées, transportées, n'auroient point offert le spectacle d'un chaos, d'une subversion, d'une ruine, d'une solitude comparable à celui qui eût résulté d'une certaine prolongation dans le règne du roi de la montagne: de ce roi vandale, que ses enfans cherchent tant à ressusciter dans quelqu'un d'entr'eux ou dans quelque prince affilié, qui puisse prêter son nom et le fantôme de la royauté à l'exécrable tyrannie de leurs meneurs ainsi couronnés.

Pour aboutir à ce résultat, il faudroit évidemment repasser par l'antropophagie de 93, et même la continuer sous ce résultat effectué, pour défendre toujours cumulativement le crime par le crime, comme on l'a vu et comme on voudroit le faire voir encore.

Voilà pourquoi il est essentiel, il est indispensable, de rappeller fortement au souvenir, et de mettre dans une éclatante lumière, la plus hideuse, la plus épouvantable des époques de l'histoire humaine, satyre si terrible, si humiliante de notre nature: une époque qui effaceroit en elle la gloire d'avoir produit des Socrate, des Platon, des Aristide, des Titus, des Trajan et des Marc-Aurèle, si cette gloire pouvoit être effacée, et si au milieu de tant de sujets que les jacobins nous ont fait de rougir d'être hommes, il avoit été en leur pouvoir de nous ôter cette consolation de songer que ces anges terrestres l'étoient. — Ah ! que n'est-il possible, et sur-tout que n'est-il permis de la tenir cachée sous les voiles les plus épais de l'oubli, cette époque si flétrissante, si mortelle à l'honneur de l'espèce humaine ! Que n'est-il possible, que n'est-il permis d'étendre, avec le soin de la pudeur filiale, un manteau religieux sur cette affreuse nudité ! Mais ce qu'on a vu en messidor, en fructidor, sur-tout en floréal, et même ce qu'on voit, ce qu'on entend, ce qu'on lit encore chaque jour s'y oppose trop fortement, et met le souvenir affreux du robespierrisme à l'ordre du jour parmi tous les vrais citoyens, tous les vrais amis du peuple.

Hélas ! dans quelle traîtresse, dans quelle fatale sécurité nous nous étions endormis après vendémiaire, sur la foi d'une constitution tutélaire, à laquelle il ne manquoit et ne manque encore pour devenir le salut de tous, que d'être respectée par ceux qui l'ont jurée ! Quel réveil en floréal ! car le respect dû aux hommes qui sont en jugement sous la sauve-garde du malheur, m'empêche d'insister sur la conspiration infernale de messidor, et d'en nommer les chefs signalés dans l'opinion publique. Nous dormions, dis-je, nous croyions la nation ressuscitée, et nous étions tous ramenés sur le bord de la tombe à demi-fermée par les mains thermidoriennes. A peine nous étions échappés de la caverne du Cyclope, où chacun de nous attendoit son tour d'être dévoré ; à peine les législateurs eux-mêmes, qui s'y étoient laissé enfermer comme nous par leur faute, il faut dire par leur crime, également échappés par la mort de l'antropophage, célébroient à l'envi la rédemption commune ; hélas ! nous étions et ils étoient comme nous prêts d'y retourner. La famille de Cacus et de Polyphême n'étoit pas morte dans l'explosion de thermidor, elle n'étoit qu'ASPHIXIÉE. C'étoit une syncope profonde; dont la vapeur pénétrante de la poudre à canon de vendémiaire l'a brusquement rappellée : les enfans de Marat et de Robespierre, ressuscités dans un cul-de-sac, et réunis sous de nouveaux chefs légataires du plan et du génie de ces illustres pères, inondoient, le vingt-trois floréal, les cabarets de Vaugirard, et tenoient dans la nuit de grands jurys de table, (suivant l'habitude jacobite) un conseil de guerre bachique, où sous les diverses dénominations proscriptives du temps, qui avoient remplacé les précédentes, ils prouvoient à leur manière que tout ce qui n'étoit pas jacobin et jacobin pur, jacobin énergique, étoit ennemi, affameur, assassin du *peuple*.

Là donc ils nous condamnoient tous à mort, législateurs, (les probes) directeurs, administrateurs, magistrats, citoyens, enfin gouvernans et gouvernés, se partageant de nouveau toutes les autorités et toutes les propriétés comme un patrimoine. C'est ainsi que les jacobins ont trouvé le secret d'*hériter sans testament*, en se faisant instituer *légataires universels* par les forgerons et les armuriers. Oui, c'est dans les forges et dans des boutiques de pistolets, de sabres, de coutelas et de poignards, que se trouvèrent toujours tous leurs titres et leurs grands contrats d'acquisition. A cette nuit donc, de floréal, ils devoient par la grande vertu du fer et du feu devenir acquéreurs des biens nationaux et autres, ainsi que de toutes les autorités législatives, directoriales et administratives. A cette nuit, devoit commencer la nuit éternelle de la nation. A cette nuit elle devoit retomber dans la vaste égorgerie et le vaste pillage de 93, et la *sans-culotterie* carnacière devoit ressusciter dans toute sa stupidité, tout son délire, toute sa férocité, pour anéantir une seconde fois les malheureux *sans-culottes* eux-mêmes, inséparablement entraînés avec leurs nourriciers, que le fourbe et *sans-culotticide* jacobin appelle leurs affameurs, leurs assassins.

A quoi donc a tenu cette épouvantable merveille du retour à l'universelle égorgerie de 93, et au redressement des autels du *Theutatès*-Marat, à la revivification de son culte *hécatombigène*, et aux nouvelles processions, aux nouveaux chants, aux nouveaux sermens de ses prêtres homicides, et il faut dire *omni-cides*, *des druides à bonnet rouge*, faisant à leur Saturne ou leur *Vitzililipuli*, (dieu des Péruviens, à qui on offroit des sacrifices de sang humain) de vastes holocaustes des *chouans*, comme ils en faisoient ci-devant des *fédéralistes* et des *modérés*, qui étoient précisément la même espèce d'hommes, les mêmes classes : c'est-à-dire, les propriétaires fonciers et mobiliers, les philosophes, les hommes de lettres, les artistes, les négocians, les marchands, les cultivateurs, les ouvriers, en un mot la nation elle-même, hors les jacobins ou les patriotes purs et énergiques? (Ils disent aussi dans leur argot révolutionnaire, les patriotes chauds, les patriotes *brûlans*. — Lisez toujours les patriotes *brûleurs*.... et brûleurs de chaumières comme de châteaux.) Voilà quels sont ces grands ennemis, ces grands affameurs et assassins du peuple, que les *druides à bonnet rouge* se promettoient d'immoler sur les autels de leur Saturne ou de *Theutatès*-Marat, ce fameux *ami du peuple*, (à la manièredont les vautours sont les amis des colombes.) Car il faut bien savoir que les *terroristes* de ce monde sont parfaitement semblables aux *terroristes de l'autre ;* et que comme, suivant les jansénistes du Port-Royal, *le monde a été créé pour le diable*, que tout est éternellement damné, hors les docteurs et les dévots huileux et crasseux, qui jeûnent et se donnent la discipline, de même suivant les *jansénistes de la sans-culotterie*, la nation qui n'est peuplée que d'hérétiques et de réprouvés de cent noms divers, doit être damnée temporellement, et a été créée pour être égorgée, volée, ruinée, embastillée par les jacobins, les élus de la montagne, qui doivent jouir de tout, et insulter aux tourmens des damnés du haut de *cette terrestre Sion.* Telle est la lumineuse, la consolante et *patriotique* ou *populaire* théologie de nos druides hécatombistes, et le dernier produit net des droits de l'homme : tels sont les fruits savoureux, les fruits exquis de leur fameux arbre de la liberté, ou arbre *anarchi-fère*, c'est-à-dire, *morti-fère* et *rapi-ni-fère*, qui seroit infiniment mieux appellé le *mansinilier* politique.

Je reviens à demander comment la république a été préservée des *fureurs homicides*, et je dis toujours *omnicides*, de ces casuistes politiques, de ces *reprobo-manes* fougueux et impitoyables, qui comme les prêtres damnent tout, excepté eux, leurs croyans et adhérens ? Enfin à quoi a tenu la plus vaste et la plus irrévocable des catastrophes qui l'auroit précipitée dans les plus profonds abymes du néant avec les annihilateurs eux-mêmes ? Faut-il le dire, et quelle profonde leçon, quel terrible sujet de réflexions, quelle éloquente recommandation de vigilance et de soins préservateurs ! C'est aux données les plus inassignables, c'est aux jets les plus imperceptibles, enfin aux fils les plus déliés du hasard que tout ce destin a tenu. Oui, la république dans la nuit du 23 floréal s'est trouvée suspendue à un fil sur l'abyme du néant, et de combien de manières ce fil ne pouvoit-il pas être coupé? L'analyse la plus élémentaire des circonstances, réunie à celle dont le souvenir nous offre le facile moyen dans le passé, nous apprend suffisamment que la vie de tous les propriétaires et citoyens non jacobins, de tous les législateurs, directeurs, administrateurs, magistrats et chefs militaires non jacobins *étoit dans un cornet*. Rien de plus certain.—— Hélas donc! irréfléchis que nous sommes, et ne pourrois-je pas dire insensés, c'est ainsi qu'après avoir échappé comme par miracle à tant de périls et à ceux de la guerre civile, et à ceux de la famine, et à ceux de la peste, et à ceux du *trépas moutonnier* de 93 sous la rapide faulx de la montagne, mandataire souveraine d'Atropos, nous étions encore suspendus à un fil au-dessus de l'abyme! C'est ainsi que la vie et la mort étoient pour nous en équilibre, en oscillation si délicate dans la balance des événemens, que pour ainsi dire un grain de sable auroit suffi pour l'entraîner du côté de la mort! Et nous faisions fracas, et nous parlions avec emphase de la république *immortelle!* et nous embouchions toutes les trompettes de la renommée pour proclamer sa stabilité, sa majesté, sa puissance! et nos marchands de *phrases à vent*, nos rhétoriciens écumeux, du haut de leurs échasses romaines déclamoient à pleine bouche les bannalités collégiales, *sur les hommes libres et égaux, les satellites et les esclaves, les fers brisés, les tyrans abattus et les trônes en poudre.* (*O insensati Galatæ!...*)

Mais les mêmes élémens de subversion et de chaos subsistent, nous environnent de toute part. Les *druides* encore si nombreux et à demi-organisés, possédant encore tant de leurs anciens pontifes et une partie de leur puissance hiérarchique, deux cent mille bonnets rouges et leurs chefs, tant ouverts que secrets, suant la guerre du dehors comme celle du dedans, et tombant *en paroxisme* au seul nom de paix *qui leur fait la guerre*, fermentent, s'ébranlent, s'agitent en tout sens, et passent les nuits dans des cavernes à tramer contre la paix extérieure et intérieure. Leurs cabales, leurs fictions, leurs artifices, leurs prestiges populaciers sont inépuisables comme leurs fureurs, et la simplicité, la crédulité de leurs instrumens, de leurs jouets, de leurs dupes, de leurs victimes.—Tremblans à la vue de germinal comme un criminel à la vue du jour où il doit paroître devant le juge, toutefois abusés par le sentiment de leurs crimes, dans l'excès et l'objet de leurs terreurs, et cherchant un asyle illusoire hors de la constitution tutélaire qui tend les bras à tous, ils méditent nuit et jour, gardons-nous d'en douter, et comment le pourrions-nous? l'invasion et l'asservissement ou l'élimination des assemblées primaires par tous les moyens combinés de la violence et de l'adresse. Point d'ouragan, point de tourbillons qu'ils ne soient disposés à exciter pour cette fin : sur-tout point d'imposture, point de roman, point de souplesse et de ruse qu'ils ne soient résolus d'employer : principalement à cette grande fin, perpétuel et invariable objet de leur tactique chérie, de se donner un air de victimes en payant, organisant ou supposant les insultes, les provocations, les rixes, et faire semblant de se croire assassinés pour assassiner réellement sous forme et couleur de défense personnelle. On a vu leur profond et rare savoir dans ce genre, et l'on doit connoître la manière dont ils imitent ces bandits de Rome dont parle Juvénal, qui, sortant à minuit des tavernes, et fondant sur tous les citoyens qu'ils rencontroient isolés dans les rues, les assommoient *criant à l'assassin et feignant une grande colère*, les traînoient à l'audience pour en avoir des dédommagemens. (*feriunt*, *vadimonia deinde — irati faciunt.* JUV.) Le facile et infaillible remede à tout cela, sans avoir le moindre besoin d'opposer la fureur à la fureur, c'est de cesser d'être moutons sans devenir loups : d'être des enfans sans devenir ogres nous-mêmes. Qu'il n'y ait plus de *petit Poucet*, et il n'y aura plus de *Barbe bleue.* Ce ne sont pas les tyrans qui font les esclaves, *mais les esclaves qui font les tyrans.* Redevenons hommes, il suffit. En un mot, tout ce qu'il faut, c'est de vouloir et de s'entendre. Le souverain ne sauroit jamais avoir d'autre besoin : il n'a que celui d'être et de paroître. Son existence fait sa toute-puissance, et on ne peut être à la fois tout-puissant et furieux. Ces deux choses s'excluent. La fureur et la prétendue *énergie* ne sont évidemment que l'expression du sentiment de la foiblesse, et le supplément cherché à la puissance qui manque. C'est ainsi que les jacobins n'ont cessé de montrer leur état de rebellion : leur excessive minorité par leur excessive fureur. La proportion de l'une est nécessairement celle de l'autre ; et c'est parce qu'ils n'ont pas vu le souverain, c'est parce que le souverain ne s'est pas revêtu de l'être en prenant les formes sensibles qui l'annoncent et qui intiment sa puissance en intimant son existence, par conséquent révèlent à ses ennemis tout le secret de leur foiblesse : c'est parce qu'il s'est enveloppé dans un égoïsme silencieux et apathique : enfin qu'il s'est endormi dans le néant de l'imprévoyance et de l'indifférence, lorsque chacun des élémens (*des modérés*) qui le composent a dit *que m'importe*, et n'a jamais voulu voir son destin dans celui d'autrui : c'est pour cela, dis-je, c'est faute d'existence prononcée que les jacobins sont devenus si hardis, si effrénés, si cruels contre les citoyens, et que ceux-ci faute de ton, de lien, de concert, enfin du moindre linéament de souveraineté, ont été impitoyablement dévorés par ces nouveaux Lestrigons et ces nouveaux Cyclopes. Or les contraires se remédient par les contraires. C'est en sortant du néant, c'est en se revêtissant de l'être, que le souverain vaincra sans résistance possible, par cela seul qu'il se fera appercevoir. J'appelle l'être du souverain, l'universalité et la force du prononcé. L'universalité, les modérés, ceux qui veulent l'ordre, les loix, la paix, la justice, sont cent contre un : ainsi chacun, dans sa classe et dans sa sphère, n'a qu'à choisir l'être au lieu du néant, il n'a qu'à prendre une forme qui le rende sensible : en un mot, chacun n'a qu'à devenir chiffre dans la somme, et à noter les *zéros*, pour lors il y aura un souverain ; et si la force du prononcé se joint à l'universalité, l'aspect sera d'autant plus imposant, et la puissance, irrésistible. Cette force de ton est utile et nécessaire. Le souverain doit être modéré pour les hommes, mais non pour les choses. Il doit être tranchant et absolu en morale. Il ne doit point vouloir l'ordre et la justice foiblement. Il ne doit point foiblement avoir et prononcer l'indignation contre le crime, et l'horreur du sang. L'exaltation morale lui convient, sur-tout dans de pareilles conjonctures et après de telles horreurs.

Il doit crier, s'il le faut, jusqu'à défaillance et de l'aurore au crépuscule : PAIX ET CONSTITUTION : ensuite *point de sang, point de sang ; par conséquent point de jacobins, point de jacobins.* (Les royalistes cesseront avec eux comme l'ombre cesse avec le corps ; car l'un est la conséquence de l'autre. *Comment faire un crime au malade souffrant le martyre sur le côté droit et ne pouvant se remuer, de desirer quelqu'un qui vienne le retourner du côté gauche ? Il n'y a ici d'autre criminelle, d'autre malveillante, d'autre soudoyée de Pitt et de Cobourg, QUE LA NATURE ; l'univers entier ne pourroit rien contre cette éternelle et invincible loi ; et s'étonner qu'il y ait des royalistes quand il y a des jacobins, c'est s'étonner qu'un homme demande le feu quand il meurt de froid, et le frais quand il meurt de chaud.*) Oui, c'est une chose essentielle que l'exaltation morale dans nos circonstances, et les plus fortes expressions de l'horreur du sang, pour le bonheur même des jacobins *qui se noyeroient de nouveau dans la mer rouge.* Tout ce qui peut conduire à ce but éliminateur est desirable. Et comme rien n'est plus propre à prévenir le retour du passé que l'idée même de ce passé, qu'il est impossible à l'ame la plus glaciale de se rappeller sans horreur, c'est lui principalement qu'il faut appeller au secours de l'avenir : c'est par sa voix qu'il faut accuser : c'est ce grand prédicateur qu'il faut faire entendre, sur le retour du jacobinisme : il faudroit, si l'on pouvoit, aller jusqu'à déterrer les cadavres, à faire parler la pourriture et les vers, à les interroger sur l'horreur et la fatalité du crime, pour en retirer la plus éloquente des réponses.

Pénétré de cette idée, et plein du grand but de

la conciliation et de la préservation universelle ; que je vois et analyse dans l'essence de la constitution ; ne trouvant, ne concevant de patriotisme, de morale et de philantropie, hors d'un tel but, et un tel but hors de ce moyen ; ne voyant pas à l'un et l'autre de plus effrayant obstacle que le triomphe des jacobins, homicides et *suicides* : enfin, profondément persuadé que tant qu'il y aura des jacobins il y aura guerre, c'est-à-dire opprobre, ruine et mort, et qu'on auroit plutôt apprivoisé un vautour avec une colombe, qu'un jacobin avec une constitution ou toute espèce de loi sociale quelconque ; qu'ainsi germinal doit être le tombeau du jacobinisme ou de la nation : qu'il est la *bataille de* PHARSALE entre les hommes de 93 et ceux de 95 (la bataille d'élection) où l'ordre et le chaos, la paix et la guerre, la vie et la mort, l'honneur et l'opprobre seront en présence comme César et Pompée. Pour buriner dans la mémoire l'utile image du passé, j'ai cru devoir le faire parler, l'ériger en prédicateur éloquent, en lui donnant une sorte de vie, et animant jusqu'à la mort elle-même par une conception expressive et hardie ; je me suis persuadé qu'une revivification oculaire du règne affreux de 93 pourroit tendre à éloigner la revivification physique, en inspirant l'horreur des choix propres à l'opérer. Qu'un monument public contenant une peinture énergique et pittoresque de l'horreur et de la fatalité de ce règne ; une leçon vivante et profonde ; enfin un moniteur, un précepteur en permanence, ne seroit pas sans intérêt moral et sans utilité patriotique, et qu'il auroit même par-là près de tous les hommes moraux quelques titres d'accueil supérieurs à ceux qu'il pourroit avoir près des curieux à raison de la nouveauté et de de la singularité hardie de l'objet. Je suis parti de cette juste et célèbre sentence du poëte philosophe, que la leçon qui entre par les yeux est plus puissante, plus efficace que celle qui entre par les oreilles. (*Segniùs irritant animos quæ sunt demissa per aures — quàm quæ sunt oculis subjecta fidelibus.* (HOR.) On va juger par la description du monument, si en effet l'idée est expressive et neuve, et si l'intention est morale. — J'employerai dans le titre et l'explication quelques teintes d'ironie pour tempérer un peu l'horreur du sujet par les formes de l'énoncé.

Description d'un monument tigry-fuge, *ou* jacobini-fuge, *dédié à tous les honnêtes gens réunis en assemblées primaires et électorales* --- *ou* le miroir du passé pour sauve-garde de l'avenir, *représentant les mystères* des nouveaux druides *ou* prêtres de Theutatès Marat : *leur alliance et leur pacte avec la mort ; l'*affiliation, *la réception et le rôle de cette grande* dame du niveau *ou de l'égalité, au fameux club* nationi-vore, *en la présence des tricoteuses et des furies de guillotine, séantes en tribune --- ensemble le résultat et le produit net de cette affiliation énergique, ou la manière dont cette sœur établie pourvoyeuse et* mitronne *de la République, par les grands et sincères* amis du peuple, a fait venir les farines aux halles, et engraissé les sans-culottes si chéris --- *par conséquent* *la manière dont elle les engraisseroit infailliblement de nouveau, si par l'effet des élections* tygro-jacobiniques *de germinal, les terroristes niveleurs ou* les chevaliers du cimetière, *alloient recommencer leur pacte et leur fraternisation avec ladite dame du niveau, à laquelle ils ne manqueroient pas de donner encore l'*entreprise des farines.

Comme les jacobins ont tout fait *par la mort* et *pour la mort ;* comme ils n'ont voulu, médité, produit et donné aux autres, hélas aussi ! trouvé pour eux-mêmes *que la mort ;* comme aussi ils n'ont jamais eu ni voulu avoir d'autre cri, d'autre point de ralliement *que la mort ;* comme ils n'ont jamais ouvert la bouche que pour vomir *la mort,* en disant, je me trompe, en hurlant sans cesse suivant la mode des tems : *guerre à mort* aux royalistes, — *guerre à mort* aux feuillans, — *guerre à mort* aux fédéralistes et aux *modérés,* — *guerre à mort* aux chouans, — *guerre à mort* à tous les ennemis du peuple : c'est toujours à dire, suivant leur alcoran, à tous ceux qui ne sont pas jacobins : (*hors de l'église point de salut, — hors de l'arche de Noé point d'abri contre le déluge.*) C'est-à-dire autrement, guerre à mort à la nation, guerre à mort au genre humain. (*Quel niveau !*) Enfin, comme pour tendre à ce grand et incomparable niveau, pour universaliser la mort, ils ont ajouté le grand moyen de la misère à celui du poignard, l'assassinat lent à l'assassinat rapide, égorgé une partie du peuple et affamé l'autre, ce qui revient à-peu-près au même pour le grand résultat du *niveau* (1), avec cette seule différence, que le moyen de la misère est encore plus cruel que celui du fer, *que le poison rapide est préférable au poison lent :* comme la mort, dis-je, de toutes ces manières, paroît être leur grande dame, leur patrone, et que par le fameux niveau qu'ils promettent au *peuple*, c'est le sien qu'ils entendent, ou que du moins ils réalisent, pour exprimer cet horrible pacte qu'ils semblent avoir fait avec elle, et donner une idée de l'affreux délire de cette *cadaveromanie* qui les *cadavérise* eux-mêmes ; j'ai résolu d'animer la mort, de la mettre en scène, de peindre son rôle et son emploi aux jacobins. L'estampe que je propose représente donc son affiliation, sa réception et son installation aux jacobins dans la charge d'orateur. Je fais des terroristes niveleurs ou

---

(1) *Le grand niveau ou l'infaillible* topique *contre le mal d'aristocratie; secret de médecine politique, découvert et mis en lumière par les jacobins, amis et sauveurs du peuple, comme le berger du théâtre* (Agnelet), *est l'ami et le sauveur de ses moutons*, en les tuant pour les empêcher de mourir de la clavelée....

O que les jacobins du peuple sont amis !
Ces grands *sauveurs* avoient promis
Au pauvre peuple *sans-culotte*,
Qu'il ne porteroit plus la hotte.
Qu'il seroit par ses soins guéri de tous ses maux ;
Que des grands les petits seroient bientôt *égaux* :
Qu'ils ont tenu parole et de bonne manière !
O comme par leur art nouveau,
Et le riche et le pauvre ont trouvé le niveau !
Quelle égalité plus entière,
Quand pour un but si merveilleux,
Ils les ont si bien mis tous deux,
Dans le chemin du cimetière !

mortifères un ordre de chevalerie, que j'appelle *les frères du niveau* ou *les chevaliers de l'ordre du cimetière*. Je les représente en carmagnole ou dans leur costume de terroristes, avec les signes distinctifs de l'ordre du cimetière, qui sont des os de morts en sautoir, surmontés d'un niveau qu'ils portent sur un pectoral. — Voici la série des objets :

N°. I. La mort vêtue en carmagnole ou dans le grand costume de terroriste, et portant *moustaches*, ayant seulement les pieds et les mains, avec la tête en évidence, est reçue par Marat, Danton et Robespierre, les trois grands pontifes des druides à bonnet rouge, ou des chevaliers du cimetière. Elle porte aussi un pectoral, où pour éviter une sorte de *pléonasmes* on n'a point mis les os de mort, mais à la place une *lanterne* et une guillotine en sautoir, instrumens de son règne révolutionnaire. — C'est Marat qui lui donne l'accolade, comme grand-maître de l'ordre du cimetière. — Robespierre est à côté, s'appuyant d'une main sur la faulx que la mort lui a confiée, et montrant de l'autre à celle-ci un papier portant ces mots : *loi du 22 prairial*, comme pour lui faire voir la manière dont il s'est acquitté du rôle dont elle l'a chargé en remettant sa faulx entre ses mains. — Par derrière est l'énorme Danton, mettant d'une main le bonnet rouge à la récipiendiaire, et tenant également de l'autre un papier portant ces mots : *tribunal révolutionnaire. — Hommes à quarante sols*, pour montrer aussi à la mort les grands services qu'il lui a rendus : — A une légère distance paroissent deux files de terroristes transcendans, ou des premiers chevaliers du cimetière, tournés du côté de l'énergique récipiendiaire, ayant l'air d'attendre la fin de la réception pour aller à l'accolade, comme il se pratique dans les ordres aux cérémonies de réceptions. Ces coryphées ainsi représentés avec leurs signes caractéristiques sont les grands montagnards conventionnels, ou *les pères de l'église-Marat*, les pontifes des druides, Collot, Billaud, Carrier, Lebon, Magnet, etc. Et du côté de la commune, les transcendans terroristes et frères du niveau, Hébert, Chaumette, Fouquier, Dumas, Henriot et autres grands amis, *approvisionneurs et pères nourriciers du peuple.*

Telle est la première scène marquée par le chiffre I.

II. La seconde scène présente la mort en fonction d'orateur. Après sa réception, elle entre en charge et va prêcher l'incendie, le meurtre et le pillage. On la voit en attitude pittoresque dans la tribune, tenant d'une main et montrant une feuille de Marat, où est écrit l'*Ami du peuple du* 21 *janvier.* (Fameuse époque où cet étrange ami qui valoit, lui et les siens, tous les ennemis ensemble, prêcha avec tant d'efficacité le meurtre et le pillage, au bénéfice présumé de son Philippe Sardanapale.) De l'autre un poignard ou l'arme de l'*énergie*; et des flammes sortent de sa bouche pour montrer quel est le feu qui anime les patriotes chauds et *brûlans.* (Titre que prennent et auquel se complaisent les chevaliers du cimetière; il faut toujours entendre *brûleurs*, et brûleurs *des chaumières comme des châteaux.* — L'un ne coûte pas plus que l'autre, et il n'y a que le premier pas qui coûte.) Il n'y a point de président dans cette séance, parce qu'il est censé que la mort est présidente perpétuelle, et remplit à la fois les deux charges, occupant le fauteuil quand la prédication du meurtre est finie. Au bureau sont trois secrétaires, écrivant avec la pointe d'un poignard devant une jatte de sang, qui leur sert d'encrier. On voit l'un d'eux trempant cette plume de jacobin dans ledit vase, à côté duquel est aussi un gobelet pour marquer les libations des druides à bonnets rouges, ou des chevaliers du cimetière après la cérémonie. Ce sont là les folliculaires jacobins qui *éclairent le peuple*, lui apprennent ses droits, lui enseignent à prendre l'*attitude fière et imposante*, cette grande *justice* exterminatrice, *qui fait venir les farines à la Halle, et donne aux sans-culottes des indigestions de pain blanc.*

III. En face de l'émort changée en Démosthène clubique, sont sur leurs siéges les chevaliers de l'ordre, écoutant la prédication *rapino-cadaverocratique*, avec un air d'extase.

IV. A côté sont les fameuses tribunes du *souverain des jacobins*. Le grand souverain de la Rapée, de Vaugirard et de la Courtille, qui a acheté si cher son brevet de souveraineté, et tous les titres de *majesté éclairée*, juste, sage, infaillible; enfin de souverain qui voit tout, qui sait tout et peut tout: prodigués par les valets d'atteliers et de halles, encore plus valets, c'est-à-dire plus imposteurs, plus fourbes, plus lâches, plus rampans, plus traîtres, enfin plus funestes que ceux de la cour, et qui font jouer à cet étrange souverain, *le rôle du corbeau perdant son fromage, pour avoir écouté un fourbe et avide adulateur.* — On distingue dans ces savantes et utiles tribunes, dans ces tribunes *qui plantoient l'arbre de la liberté dans le sénat*, et prescrivent à l'Europe le respect des décrets en hurlant, trépignant, baffouant, injuriant, menaçant et agitant les chapeaux au *signal*; on y distingue, dis-je, les célèbres tricoteuses et furies de guillotine, dont la coëffe est ornée d'un serpent que leur envoye la sœur commettante, dont on va voir le rôle. Toute cette tourbe moitié ridicule, moitié atroce, bat des mains et crie *bravo* aux motions énergiques de l'orateur rapino-cadavero-cratique, qui l'achemine rapidement *au quarteron de pain noir*. Ladite tourbe vérifiant si exactement par-là l'excellent et très-juste mot de Machiavel cité par Sydney, qui dit que le peuple crie toujours, (le peuple des jacobins, le souverain de la Rapée en coalition,) *vive ma mort, meure ma prospérité.* On la voit peinte ici avec le plus juste des emblêmes, sur-tout en pareil rôle, où elle applaudit à l'arrêt de sa famine, de son agonie, en applaudissant à l'assassinat et à la spoliation des propriétaires. Elle est représentée avec un bandeau sur les yeux, pour marquer les grandes lumières dont la société-mère a éclairé cette majesté *taverno-cratique*, en se servant de *tisons ardens* en guise de flambeau de la raison. Des chauves-souris, emblêmes de la nuit, planent sur toute cette masse de quinze-vingt politiques, *jouant à Colin-Maillard en plein midi*, et se cassant la tête contre les murailles, *comme il arrive aussi à maint législateur*. . . .

V. Tysiphone, sœur et commettante des furies de guillotine, sort des enfers et vient soulever une tombe pour voir et admirer les mystères des druides, en même tems jetter une poignée de serpens qu'on voit gagner du côté des tribunes, et aller à leur adresse, en s'élançant sur la tête des mandataires coëffées.

VI. Pour donner une idée du vaste carnage de 93 et de l'instinct carnacier du jacobin, on a peint une scène de fouines qui ont saigné presque tout un poulailler. Il faut savoir et personne n'ignore sur-tout à la campagne, que la fouine, le tigre des poulaillers, est un petit animal doué *d'une energie suprême* et plus tigre que le tigre lui-même, en ce que le premier axiome de sa politique est de mettre tout à mort. La fouine glissée dans un poulailler, saigne, *septembrise* tout sans exception si elle a le tems, depuis le coq jusqu'au dernier poussin, ayant apparemment appris *que les morts ne reviennent pas*. Il n'est point d'image plus parfaite du jacobin énergique qui est véritablement dans la nation *comme une fouine dans un poulailler*; et si le règne de 93 s'étoit encore prolongé de deux ans seulement, même de beaucoup moins, on auroit vu ce qui seroit resté de cette grande nation et de tous les hommes *libres* faisant tant de fracas sur les *esclaves* et chantant *ça ira, ça ira*... en allant au cimetière : ici les petites jacobines au museau pointu *et qui ont la carte clubique au col*, n'ont pas eu le tems d'achever la *regénération* du poulailler ; les chiens *thermidoriens* de la ferme avertis par le tocsin des coqs et des poules, accourant et interrompant les *grandes mesures*, dissipent et poursuivent les fouines qu'on voit fuir le museau tout embarbouillé de sang, comme des terroristes ou des patriotes chauds et *brûlans* qui viennent de manger des propriétaires.

VII. Des corbeaux (des jacobins) qui s'entre-battent et s'entr'exterminent pour se disputer la curée ou les lambeaux des cadavres ; et pendant leur bataille acharnée, un d'eux est perché sur le cadavre pour marquer le dernier énergique à qui la proie reste après que les autres ont vengé les victimes en s'entretuant. — Cette scène est placée entre une chaumière fumante et une tour écroulée où l'on apperçoit une chouette, pour exprimer d'un côté les incendies et de l'autre les démolitions, les ruines, qui sont *de grandes mesures.*

VIII. Ce n'est pas le tout d'avoir vu le crime dans toute son atrocité, il faut encore le voir dans toute sa fatalité, il faut voir quelle est sa *solde* et le fruit de la semence; il faut voir à quoi ont enfin abouti, comme il étoit par trop inévitable, toutes ces doctrines sacrilèges et ignominieuses qui divinisoient la fureur sous le titre dérisoire et révoltant de *patriotisme*, et travestissoient en conspiration, en crime digne de mort, l'unique gloire, l'unique salut des empires, la *modération*, cette céleste fille de la raison, de la justice et de l'humanité, qui sont elles-mêmes filles de la vérité éternelle. Il faut voir ce que le peuple a moissonné en semant la fureur, et connoître le bienfait immortel de ses grands amis, les rares et inexprimables obligations qu'il leur a tant au physique qu'au moral, ou pour la vie du corps comme pour celle de l'ame, c'est-à-dire il faut se peindre tous les hommes, femmes, vieillards et enfans innombrables cruellement péris par la faim, sans compter d'autres innombrables péris par le fer et les maladies pour même produit de la fureur la plus délirante qui ait jamais déshonoré et assassiné un peuple. Il faut que la partie survivante de ce peuple voie par cette profonde et vivante leçon le destin affreux qui l'attendroit encore s'il se laissoit amener à la *sans-culotterie sans-culotticide* de 93. Cette scène qui complette l'intention morale du monument est destinée à une telle leçon ; elle représente la famine horrible qui a couronné l'énergie clubique ; c'est Marat, c'est celui qui s'est si pompeusement et sur-tout si sincérement intitulé *l'ami du peuple*, c'est celui-là qu'on a voulu de préférence représenter avec la charge de son *père* nourricier. On voit donc ce dieu des assassins, ce *tig-ificateur* et affameur universel faisant la pesée avec un poids imperceptible dans la balance et donnant un *quarteron de pain noir* (je pourrois dire *deux onces*) à un malheureux sans-culotte bien maigre, bien décharné et déguenillé. Cette distribution homicide se fait sur une table couverte d'un tapis parsemé de larmes. (Et quel esprit humain pourroit jamais se faire une idée de toutes celles que *l'énergie anti-nourricière* a fait verser !) Ce n'est pas le tout ; et pour peindre la plus affreuse des vérités dans son entier, pour montrer plus pittoresquement les rares bienfaits de la société-mère, (de la société *tysiphono-cratique*, ou mandataire de Tysiphone) et toutes les raisons que la plèbe auroit de se rejetter dans les bras d'une telle mère, à côté de la scène du pain, est étendue par terre, expirante avec son enfant dans ses bras, la malheureuse femme du malheureux sans-culotte : couple aveugle, couple déplorable, dont la vue étoit couverte d'un triple bandeau, lorsqu'en battant des mains, en criant bravo à toutes les belles harangues jacobiniques qui portoient peine de mort et confiscation contre les propriétaires, c'est-à-dire contre leurs nourriciers ; ils s'extasioient de voir transporter toute leur substance à des assassins qui la consomment en orgies et qui ne donnent jamais une obole aux pauvres : couple aveugle, dis-je, qui en applaudissant à toute cette scélératesse *plé-*

bicide, a crié en effet : *vive ma mort, meure ma prospérité*, suivant l'admirable mot et la très-juste observation que j'ai rapporté de Machiavel. — Au-dessus de cette déplorale et instructive scène, sont écrits ces quatre mots : *produit net de la hauteur, de l'énergie et du pas*. La Rapée n'a qu'à retourner maintenant au beau régime des *Brutus* et des *Mutius Scévola* et à quitter l'atelier pour aller écouter des démoniaques écumans qui lui échangent de l'air pour du pain. Ils n'ont, ces malheureux ouvriers, qu'à revenir à l'attitude *fière et imposante* pour revenir aussi à l'attitude qu'on voit dans cette scène et qui en est le produit le plus inévitable, (*stipendium sceleris, fames*) la misère est la solde du crime. Il y a vraiment entr'eux *unité* et *indivisibilité*.

IX. Robespierre planant sous la forme d'un vautour couronné qui tient une colombe entre ses serres: on n'a qu'à se représenter la princesse de Monaco, ou tant d'autres belles et touchantes femmes ou vierges impitoyablement assassinées par ce monstre; on lui voit au bec le même papier qu'il montre à la mort dans la scène de l'accolade, la loi *omnicide* du 22 prairial.

Enfin, au haut de la voûte se découvre l'œil de la providence à qui rien n'est caché et qui observe les abominables mystères des druides à bonnets rouges; on voit les carreaux qui s'échappent à travers les nuages pour peindre le destin dont les forfaits inexprimables des principaux tigres de 93 ont été couronnés; mais à ces carreaux extérieurs, il faut ajouter pour leurs complices survivans les carreaux intérieurs, les carreaux invisibles mais très-réels de la conscience, qui suppléent avec une grande surabondance à ceux de la justice matérielle.

X. Au frontispice du club des jacobins est peint leur juste et caractéristique emblême : un poignard tenu dans une serre, ce qui veut dire sang et rapine ; par conséquent donne pour dénomination technique dudit club *la secte des rapinistes et des sanguinistes* ; pour définition de leur patriotisme et de leur popularité, le patriotisme et la popularité sanguino-rapino-cratique, que j'appelle d'un seul mot *tygrocratique*.

Telle est l'estampe *tygrifuge* et *jacobinifuge* que j'appelle *le miroir du passé pour sauve-garde de l'avenir*. Elle seroit faite pour tous les tems comme monument et objet de curiosité dans son rapport avec l'histoire. Mais outre ce genre d'intérêt sur-tout résultant de la nouveauté, lorsque dans le genre des peintures on peut dire qu'il n'a rien paru sur la révolution que des insignifiances nauséabondes, ou de plates et révoltantes atrocités. (d'un côté des scènes de lanterne, de guillotine, de mitraille, etc. ; de l'autre, des emblêmes d'écoliers, d'ineptes métamorphoses d'hommes en quadrupedes ou en volatiles, etc.)

Outre l'intérêt, dis-je, de la nouveauté, il en est un plus grand, plus direct, celui de l'utilité nationale, ou l'objet moral constitutionnel et patriotique qui en fait caractéristiquement l'estampe de germinal. Il s'agit, je le répète, d'ériger le passé en orateur permanent, de faire entendre sa voix éloquente pour sauver à l'avenir l'abyme dont les héros de 93 le menacent. Il s'agit d'empêcher ces frénétiques de tout dévorer, de tout engloutir, de tout perdre une seconde fois, et de se dévorer, de s'engloutir, de se perdre encore eux-mêmes : ce qui seroit infaillible ; car nul ne peut vivre du cadavre d'une nation, et tous *les corbeaux de la révolution*, tous les nourrissons de la mort se sont empoisonnés et s'empoisonneroient encore de cette fatale et sacrilège substance.

Il s'agit donc d'aimer les jacobins beaucoup plus qu'ils ne s'aiment eux-mêmes : de les aimer malgré eux, de les empêcher d'être jacobins, de les forcer d'être hommes, de leur arracher à tout prix, quand il ne faut pas une seule goutte de sang et la plus légère atteinte physique pour cela, une puissance universellement désastreuse, dont ils ne savent se servir que pour flétrir, déshonorer la nature, se flétrir, se déshonorer eux-mêmes, et se perdre à la fois corps et ame. (Il faut ôter les rasoirs et les alênes des mains des enfans qui s'en estropient eux-mêmes en estropiant les autres, et *quiconque leur met ces funestes instrumens à la main, ou les aide en quelque manière à les saisir, devient à la fois responsable du malheur qui arrive à ces enfans et aux autres par leurs mains. . . .*)

C'est donc bien la peine de passer les nuits et les jours dans les cavernes ou dans des conciliabules ténébreux, de s'y casser la tête, de s'y maigrir, de s'y dessécher, de s'y tuer à des calculs de cabale et à des fictions romanesques, pour parvenir enfin au milieu de quelques sanglantes dépouilles si péniblement arrachées, et qu'on tremble de se voir arracher par d'autres ; de parvenir, dis-je, à être les plus malheureux de tous les hommes, des modèles achevés d'infortune : à n'avoir qu'une existence faite pour exciter l'horreur et la pitié, tant au dehors qu'au dedans ; à contracter le sort des oiseaux de proie, des bêtes féroces, comme ils en ont contracté la nature, c'est-à-dire de dévorer dans les transes, d'être sans cesse exécrés, maudits, poursuivis et tremblans. Tel est leur destin inévitable, c'est le code pénal de la Providence, et ce qui achève le terrible prélude de la justice céleste, quand ses justiciables ne pleurent pas jusqu'à la mort, après avoir restitué aux malheureux qu'ils ont faits, toutes leurs rapines entassées. Il arrive enfin tôt ou tard un tems de honte, de remords et de désespoir implacable, qui les fait mourir de la plus cruelle de toutes les morts, lorsque par hazard ils ne finissent pas par mourir de la manière dont ils ont fait mourir les autres. Oui, voilà le sort fatal, le sort terrible de ces hommes de proie, à qui désormais il ne reste plus contre ses dernières extrêmités, que les larmes et la restitution. — C'étoit donc bien la peine, je le répète et ne puis trop le répéter, de tant se casser la tête aux calculs de la cabale et de la souveraineté clubique pour aboutir à un tel résultat, et de faire un tel détour pour ne pas arriver à ce bonheur qui étoit à quatre pas d'eux : mais pour aller au contraire à l'autre pôle, après lui avoir tourné le dos au départ en le cherchant dans le crime, dans le malheur, dans les larmes, dans le désespoir d'autrui, quand il étoit précisément dans son propre bonheur, dans les soins philantropiques dirigés à ce but, et quand les efforts de l'univers entier ne sauroient le faire être ailleurs, ou prévaloir sur une essence indélébile. Cette essence de nature, cette essence voulue et décrétée par son auteur, est *que celui qui fait du mal soit plus malheureux que celui qui l'endure, et que celui qui fait du bien soit plus heureux que celui qui le reçoit.* Tel est en deux mots l'évangile éternel ; il n'est point d'autre pierre philosophale, d'autre or potable, d'autre panacée universelle, qu'une pareille recette de bonheur. Et on la découvre à peu de frais de réflexion et de sentiment.

Empêchons donc, ô citoyens! empêchons de toutes nos forces morales, les jacobins de rentrer dans leur fatale carrière. Tenons-les à brasse-corps pour les empêcher de se précipiter dans l'abyme de leur puissance. Aimons-nous, aimons-les, sauvons-nous d'eux, sauvons-les d'eux-mêmes. Poussons, jettons ces infortunés dans le sein de la constitution éponge du royalisme, quand elle le sera du jacobinisme, qui le produit et l'entretient par une invincible loi de nature. C'est là où ils ne trouveront d'autre théâtre de justice que leur conscience, et rencontreront dans une amnistie décrétée, dans une amnistie nécessaire, dans une amnistie inviolable de droit par sa nature, et nécessairement inviolée de fait par l'impuissance très-certaine, très-démontrée de ceux qui voudroient qu'on la violât; ils rencontreront, dis-je, sous l'invincible égide de la constitution, cette sûreté, cette garantie physique, enfin cette préservation qu'ils chercheroient si vainement à travers les sanglans ravages d'un second vandalisme, et sous l'illusoire puissance de leur roi de montagne ou dictateur quelconque. Quant à la plus terrible, à la plus indéclinable des justices dont l'univers entier ne sauroit parer des assassins et des spoliateurs, la justice de la conscience, il leur restera deux choses pour l'adoucir, mais deux seules et uniques choses, et je l'ai déjà dit : *pleurer* et *restituer*.

On souscrit chez Brigitte Mathey, passage du Radzivil, pour la gravure de l'estampe qui vient d'être décrite et qui déjà dessinée de très-bonne main, offre un coup-d'œil pittoresque que les curieux pourront voir chez ladite citoyenne, où on la laissera exposée quelques jours avant son exécution. Ils pourront, cette explication à la main, suivre et vérifier le dessin très-net et très-bien tracé qui leur sera soumis. — Pour se mettre à la portée de tout le monde, on n'a mis la souscription qu'à un petit écu. Il est facile de voir tant par la nature et la nouveauté de l'objet que pour l'étendue de la matière, combien ce prix est médiocre, vu sur-tout une seconde autorisation plus forte de l'excéder *ou la destination du produit...*

Vers pour être gravés au bas de l'estampe tigrifuge *ou* jacobini-fuge.

De forfaits inconnus dans les fastes du monde,
Gravons à traits hardis une image profonde ;
Une grande leçon qui puisse prévenir,
Par l'horreur du passé celle de l'avenir.
Mais saintement bornés à ce but salutaire,
Repoussons loin de nous tout desir sanguinaire,
Tout systême voisin de la sombre terreur.
Pourrions-nous imiter ceux qui nous font horreur!
Oui, tout ce qui nous reste en ces perils extrêmes,
Est de nous garder d'eux en les gardant d'eux-mêmes.
Pour qui donc la vengeance a-t-elle des appas,
Lorsque tant d'assassins ont subi le trépas ;
Et que le ciel l'ait voir par de secrets supplices,
Combien il se suffit contre tous leurs complices.
Par eux-mêmes punis plus que par des carreaux,
Ensemble accusateurs, *temoins*, *juges*, *bourreaux*,
Suivis par leurs remords, suivis par leurs allarmes,
Même au sein des plaisirs dont la paix fait les charmes ;
Ils passeroient en vain et les monts et les mers,
Et sur l'aile des vents ils fuiroient dans les airs ;
Pareils au daim blessé, qui dans sa fuite errante,
Par-tout porte avec lui la fleche déchirante ;
Las ! de même en tous lieux leur trait fatal les suit,
Malheureux dans le jour, plus encor dans la nuit ;

Empoisonnés du sang qu'ils burent dans leurs fêtes ;
De mortelles vapeurs viennent troubler leurs têtes ;
Les remplir d'orphelins et de mânes plaintifs ;
Des poisons, des poignards de leurs vengeurs actifs ,
Ou de l'arrêt fatal d'un inflexible juge.
L'alcove contre lui n'offre point de refuge.
Tout dort dans la nature excepté l'assassin,
Il trouve l'échaffaud sous le plus doux coussin.
A nos cœurs ulcérés qu'un destin si funeste
Suffise en nous peignant la justice céleste,
Et nous montre comment, par un ordre éternel,
Le plus grand des malheurs est d'être criminel.

Quatrain philosophique sur l'homme.

Il faut rire de l'homme, hélas ! aussi le plaindre ;
Ne voir dans ses forfaits que d'aveugles erreurs,
Soulager sa misère, adoucir ses fureurs :
Enfin lui pardonner . . . . mais apprendre à le craindre

Nota. L'auteur de cette estampe fera paroître incessamment et par essais successifs, à époques indéterminées, un écrit intitulé l'*ami du sens* et l'*ennemi du sang* — ou le moraliste philantrope, et le patriote modéré.

Contenant quelques essais *librement* raisonnés *dans le sens* et *à la hauteur* de la nature humaine, sur la révolution et les premiers objets de la morale, de la politique et de la législation.

On y trouvera les vérités du tems mêlées à la vérité de tous les tems, et *quelques opérations de cataracte* sur plusieurs espèces d'aveugles ; — principalement les révolutionnaires qui prêchent une fausse régénération, et qui attaquent les erreurs par *les horreurs*, prennent la *faulx de la mort* à la place de *la faulx du tems* ; — les contre-révolutionnaires qui prêchent une fausse restauration, et qui n'ont pas le droit de défaire par la mort ce qui a été fait par elle, quand la sanction physique de l'intérêt général s'est établie à la suite du crime ; —ensuite les royalistes qui prêchent un faux souverain ; — les prêtres qui prêchent un faux dieu ; — les démagogues qui prêchent un faux peuple, une fausse nation, une fausse égalité : sanguinaires et suicides charlatans *qui s'empoisonnent de leurs propres drogues.*

Cet écrit tracé en présence et par les ordres de la divinité et de l'humanité, par conséquent avec une franchise et une liberté illimitées, comme l'affection philantropique dont il émane, ne démentira pas son titre, et dans la partie révolutionnelle ne ressemblera à rien de ce qui a paru en révolution, parce que rien n'y ressemble à la liberté et à la vérité.

Les trois premiers essais paroîtront ensemble, et avec eux ces deux célèbres inconnues dont on parle tant en révolution, comme des esprits sans les voir ni les rencontrer jamais.

Et homo factus est.....

Et il ne s'est fait ni révolutionnaire, ni contre-révolutionnaire, ni royaliste, ni sur-tout jacobiniste, ou *tigriste*, ni nobiliste, ni sacerdotaliste, ni matérialiste, ou *pécoriste*, (ou *nihiliste*) il s'est fait et a resté homme.

Qu'ai-je pu choisir de mieux que d'être homme ?

ROUSSEAU.

Divinitas, Veritas et Charitas.......

De l'Imprimerie de LAURENS aîné, rue d'Argenteuil, N°. 211.

www.ingramcontent.com/pod-product-compliance
Ingram Content Group UK Ltd.
Pitfield, Milton Keynes, MK11 3LW, UK
UKHW012119240726
13965UKWH00005B/1854